MONSIEUR

ÉMILE TEMPLIER

1821—1891

1672

MONSIEUR

ÉMILE TEMPLIER

1821 — 1891

M. ÉMILE TEMPLIER

La librairie française vient de faire une
perte cruelle, et qui sera vivement ressentie.

M. Émile Templier, le doyen des associés
de la librairie Hachette, est mort presque su-
bitement, le 2 juin au matin, dans sa propriété
du Grand-Val, à quelques lieues de Paris.

Vouloir raconter la carrière commerciale de
M. É. Templier, ce serait non seulement faire
l'histoire de la librairie Hachette depuis quarante ans, ce serait presque retracer dans son
ensemble le mouvement de la librairie française depuis près d'un demi-siècle.

On trouve en effet partout le nom de cette
grande maison, quand on étudie la transformation générale qui a fait peu à peu du commerce des livres une des grandes industries
françaises. Et, s'il est vrai que l'union con-
stante de tous ceux qui la dirigeaient a été une
des forces et un des caractères distinctifs de

la maison Hachette, on sait combien, dans
ce concert de continuels et fructueux efforts,
M. É. Templier a personnellement contribué
à la révolution qui, d'une maison purement
classique, a fait une librairie vraiment universelle.

M. Émile Templier était né le 19 avril 1821.
Fils d'un avoué de Paris, il s'était, après de
fortes études classiques, d'abord destiné au
notariat. En 1849, il devenait le gendre et
l'associé de M. Louis Hachette.

Déjà, l'éminent fondateur de la maison
avait, avec le concours de son autre gendre,
M. Louis Bréton, placé la librairie de la rue
Pierre-Sarrazin à un rang élevé dans notre
industrie.

M. Émile Templier apportait à ses nou-
veaux associés le concours d'une intelligence
extrêmement cultivée, d'un goût d'une pureté
et d'une correction parfaites ; et à toutes ces
qualités il joignait dans les relations avec les
auteurs une aménité et une sûreté qui atti-
raient et retenaient auprès de lui tous ceux

qui avaient pu apprécier une fois le charme de
son commerce.

M. Émile Templier eut donc bientôt dans
la maison Hachette une place importante, et
s'y montra ce qu'il était bien vite devenu : le
libraire-éditeur, dans le sens le plus large et
le meilleur du mot.

Homme d'affaires consommé, d'une délicatesse qui était d'ailleurs de tradition dans la
maison, Émile Templier aimait ce qui était
beau, ce qui était élevé, et, sous son impul-
sion, la devise de la maison : *Sic quoque docebo*,
allait recevoir, dans le domaine de la littérature et de l'art, une application aussi féconde
que celle que lui avait donnée M. Louis
Hachette, dans le domaine des livres d'enseignement.

La création de la *Bibliothèque des chemins
de fer*, à laquelle M. É. Templier prit une part
très active, lui avait donné l'occasion de grou-
per autour de lui l'élite des jeunes littérateurs.
C'est là qu'Edmond About avait débuté avec
Tolla et le *Roi des montagnes*; et dès le
début de cette collection nous y trouvons

2

les noms d'Amédée Achard, de Louis Énault,
d'Erckmann-Chatrian, de Théophile Gautier,
de Saintine, de Marmier et de tant d'autres.

En même temps, une collection de Romans
étrangers, aussi remarquable par le choix des
livres que par la qualité des traductions, ren-
dait familière à la France toute une littérature
nouvelle, à une époque où ceux qui lisaient
Dickens, Thackeray ou Bulwer dans l'original
étaient encore bien rares.

Les enfants n'étaient pas oubliés : la *Bibliothèque rose* a fait la joie de bien des jeunes
générations; et ceux qui sourient encore au
souvenir du *Bon petit diable* ou du *Général
Dourakine* ne se doutaient guère alors de la
prédilection avec laquelle M. Templier, même
avant d'être le plus tendre des grands-pères,
prenait soin de choisir et d'éditer pour eux,
avec autant de perfection que d'humour, ces
livres si souvent lus et relus.

Enfin, comme il faut nous borner, rappelons
seulement encore que c'est à M. Templier que
revient le mérite d'avoir conçu et d'avoir fait
exécuter quelques-uns des plus beaux livres

illustrés français. L'*Enfer* de Dante, où Doré
mettait tout son génie, et dont la publication
fut un événement, fut notamment édité sous la
direction de M. Templier; les *Évangiles*, illustrés par Bida de splendides compositions gra-
vées en taille-douce par les plus éminents
artistes, et pour lesquels Rossigneux avait
composé des ornements qui sont devenus classiques, resteront, par leur importance et par
leur valeur artistique, le type du livre de
grand luxe au xix° siècle. Les *Fables* de La
Fontaine et, plus tard, l'*Histoire de France*
de Guizot; la *Géographie* d'Élisée Reclus;
l'*Histoire romaine* de V. Duruy; la grande
Collection des Classiques français, tous ces
livres qui devaient porter si haut et si loin le
renom de la librairie française, sont nés dans
le cabinet de M. Templier, qui aimait, en souvenir de ces belles créations, à s'y entourer de
quelques-uns des dessins originaux qui avaient
servi à leur illustration.

M. Émile Templier s'est aussi constamment,
et jusqu'à la fin de sa vie, occupé spécialement
du *Tour du Monde*, précieuse collection où une

partie artistique des plus importantes et un
texte des plus remarquables ne doivent pas
faire oublier, au lendemain d'un succès qui
semble maintenant tout naturel, la hardiesse
même de la fondation au moment où elle eut
lieu, ni l'influence qu'elle eut sur le développement du goût des études géographiques en
France. On sait que la librairie Hachette a
donné un grand développement à des publications de géographie pure, grâce auxquelles
nous ne sommes plus tributaires de l'Allema-
gne pour la cartographie scientifique.

En 1869, M. Émile Templier mariait l'aînée
de ses quatre filles à son neveu, M. Armand
Templier, aujourd'hui président du Cercle de
la Librairie et qui, devenu par cette alliance
un des chefs de la librairie Hachette, allait à
son tour occuper dans nos industries une place
si honorable et si méritée.

Ce fut une des périodes les plus belles de la
vie de M. Émile Templier. — Heureux dans
son intérieur, justement fier de ses filles,
qu'une mère éminemment distinguée et bonne
avait élevées à son image, M. Templier voyait

la maison au développement de laquelle il avait
tant contribué, placée parmi les premières de
l'Europe, d'un consentement unanime.

M. Templier se livrait peu ; d'une extrême
aménité dans les rapports quotidiens, il ne se
prodiguait ni dans le monde ni dans les fonctions publiques, pour lesquelles on vint le
chercher tant de fois, et qu'il refusa toujours.
Il vivait, en dehors des heures d'affaires, en-
touré d'un petit groupe d'amis, se sentant ac-
compagné, dans la vie retirée qu'il s'était faite,
par l'estime et par la sympathie de tous ; et rien
ne semblait devoir jamais troubler cette douce
existence, lorsque, en 1883, un grand malheur
vint le frapper. Sa seconde fille lui fut enlevée
après quelques années d'un heureux mariage.

M. Émile Templier était trop courageux et
trop chrétien pour laisser voir la profondeur
de la blessure ; mais je crois que dès lors il se
sentit frappé à mort.

D'autres deuils l'attendaient encore. Il perdit M. Bréton, l'ami de sa jeunesse, le compa-
gnon de tous ses travaux ; puis, tout ré-
cemment, son frère, qu'il aimait tendrement,

M. Paul Templier, l'éminent avocat, et père
d'Armand Templier, lui était enlevé à son tour.

Il eut cependant encore quelques joies, qui
l'aidèrent, avec le sentiment des devoirs qui
lui restaient à remplir, à supporter tous ces
coups : ses autres filles, successivement ma-
riées, entourèrent sa vieillesse de petits-enfants qui en étaient le charme ; mais sa santé,
peu à peu très ébranlée, lui rendit de plus en
plus, non pas le repos, — il ne se reposa jamais
et travaillait encore la veille de sa mort, — mais
le recueillement et l'isolement nécessaires.

Ses enfants, ses associés, pour lesquels il
était resté le guide et le conseiller le plus sûr,
furent alors presque seuls admis dans son
commerce habituel. Et, parmi la génération
actuelle des libraires, beaucoup n'ont pas
connu ou ont bien peu connu M. Templier.

Mais tous ont su ce qu'il avait été, ce qu'il
était encore ; et, même dans sa retraite, l'autorité de son nom est restée la même jusqu'au
dernier jour.

Aussi, ce fut une douleur générale quand le
bruit de sa mort commença à se répandre. —

Et tous ceux, confrères, hommes de lettres, artistes, auteurs, qui se pressèrent, pendant la journée du 2 juin, dans les bureaux de la librairie Hachette, purent juger, par la tristesse qui y régnait, de la place que M. Templier occupait dans le cœur et dans l'affection de tous ceux qui avaient eu le bonheur de travailler auprès de lui.

M. Émile Templier était âgé de soixante-dix ans. Il avait été fait chevalier de la Légion d'honneur en 1867. Imitant en cela le désintéressement de son ami M. Bréton, et voulant toujours voir récompenser les jeunes de préférence à lui, il n'accepta qu'en 1889 la croix d'officier, pour laquelle il avait été tout naturellement désigné à chacun des grands concours internationaux où la maison Hachette avait reçu les plus hautes distinctions.

Ses obsèques, qu'il avait voulues simples et sans aucun appareil militaire, ont eu lieu vendredi à Paris, au milieu d'une immense affluence.

M. Faure, un des employés de la librairie Hachette, a dit dans les termes les plus tou-

chants ses regrets et ceux de ses collègues. Et
la tombe s'est refermée sur cet homme de bien,
qui laissera dans le cœur de ceux qui l'ont
connu un souvenir à jamais durable.

J'ai sollicité, comme doyen des anciens Pré-
sidents du Cercle de la Librairie, et comme
ami de la famille, l'honneur de lui rendre à
mon tour, dans le journal officiel de nos industries. l'hommage qui lui était dû. Et voilà
qu'au bout de ma tâche je sens combien j'ai
été insuffisant pour la remplir. — J'aurai du
moins tenté de retracer, telle qu'elle est gra-
vée dans mon cœur. l'image de celui que je
considère comme ayant été notre modèle à
tous ; j'aurai pu adresser un témoignage public de respectueuse sympathie à sa veuve,
si cruellement frappée, un mot d'affectueux
dévouement à ses enfants, à ses associés, qui
suivront à son exemple les nobles traditions
qu'il nous lègue à tous comme un précieux
héritage.   G. MASSON.

(Extrait du *Journal de l'Imprimerie et de la Librairie* du
13 juin 1891.)

Les obsèques de M. Émile Templier ont eu lieu le vendredi 5 juin, à l'église Saint-Séverin, beaucoup trop petite pour contenir la foule énorme des amis, des collaborateurs et des confrères qui avaient tenu à rendre les derniers devoirs au défunt et à exprimer à sa famille leur douloureuse sympathie.

Au cimetière Montparnasse, au milieu du recueillement le plus profond, M. Achille Faure, le doyen d'âge du personnel de la maison Hachette et Cie, a pris la parole au nom de ses collègues et a prononcé le discours suivant :

MESSIEURS,

Je viens, en ma qualité de doyen d'âge de la maison Hachette, dire un dernier adieu, au nom de mes collègues, au cher patron que nous venons de perdre.

Je n'ai pas la prétention de venir vous retracer ici l'honorable et brillante carrière de l'homme éminent que nous venons d'accompagner à sa dernière demeure. Je n'aurais, pour lui rendre cet hommage, ni l'autorité ni la compétence nécessaires ; ma tâche est plus modeste ; je dois au triste privilége de l'âge l'honneur de prendre aujourd'hui la parole devant cette tombe, au nom de mes collègues, et je ne veux vous entretenir que du respect et de l'affection que nous avions tous pour M. Émile Templier, et des regrets profonds qu'il nous laisse.

Nul plus que moi, du reste, n'est à même de vous parler, en connaissance de cause, de la grâce de son accueil, du charme de sa bienveillance et de la bonté de son cœur, car j'étais déjà dans la maison, depuis plusieurs années, quand il y est entré lui-même en 1849, et j'ai eu l'honneur d'y être pendant quelques mois son collègue, avant qu'il ne devint mon patron, à la suite de son mariage avec la fille du fondateur de notre chère maison. Vous savez, mes chers collègues, combien il était bon, juste et droit dans ses rapports avec nous ; vous n'avez pas oublié avec quelle joie nous avons accueilli la nouvelle de la haute distinction qui a si dignement couronné sa laborieuse carrière, lorsque, à la suite de l'Exposition de 1889, il fut promu au grade d'officier dans l'ordre de la Légion d'honneur, et vous n'avez

pas oublié non plus la simplicité toute gra-
cieuse avec laquelle, dans cette circonstance,
il répondit à nos félicitations.

Certes nous avions le droit d'espérer con-
server pendant de longues années encore au
milieu de nous cet homme excellent : mais la
mort est impitoyable, et il ne m'est pas pos-
sible, en présence de ce cercueil, de ne pas
évoquer le souvenir des autres deuils qui sont
venus successivement nous frapper.

Ils sont encore nombreux ceux d'entre vous,
Messieurs, qui ont assisté aux funérailles du
vénéré fondateur de notre maison, M. Louis
Hachette. Plus tard survint la mort du fils
aîné de ce dernier, M. Alfred Hachette, qui
semblait appelé à occuper dans la maison pa-
ternelle un rang distingué, et qui a laissé dans
le souvenir de ceux qui ont pu l'apprécier les
plus affectueux souvenirs M. Alfred Hachette,
enlevé prématurément à l'affection des siens,
avait été forcé par sa santé, plusieurs années
avant sa mort, de quitter la direction des
affaires pour se retirer dans le Midi, de sorte
qu'un bien petit nombre des personnes qui

m'entourent ont pu le voir à l'œuvre. Presque
tous, au contraire, Messieurs, vous avez assisté
aux obsèques de l'excellent et toujours si re-
gretté M. Louis Bréton, et voilà qu'aujourd'hui
nous sommes devant la tombe de M. Émile
Templier, le dernier survivant de cette première association si féconde en magnifiques
résultats.

Il est bien certain que si notre chère maison a eu la douleur de perdre tour à tour les
trois hommes, éminemment remarquables à des
titres divers, qui en ont poussé si haut la
prospérité, elle ne périclitera pas pour cela,
puisqu'elle peut s'appuyer sur l'intelligence et
le dévouement de ceux auxquels en incombe
aujourd'hui la direction ; c'est donc une immense consolation pour nous de jeter les yeux
sur les membres si nombreux des deux générations de la même grande famille que nous
voyons réunies autour de cette tombe. Tous,
à la suite de M. Georges Hachette, l'héritier
du nom ; tous, les fils, les gendres, les petits-
fils des trois fondateurs de la dynastie ; tous,
ils en continueront les nobles traditions et

sauront maintenir au rang qu'elle occupe la maison fondée par leur grand aïeul. Mais, si nous sommes pleins de confiance dans l'*avenir*, nous n'avons, en ce jour de deuil, qu'à déplorer le malheur *présent* qui nous frappe et la perte cruelle que nous venons de subir.

C'est donc en m'associant, du fond du cœur, à l'immense chagrin de cette famille éplorée que j'ai devant les yeux, que je salue une dernière fois, en votre nom, mes chers collègues, la dépouille mortelle de M. Émile Templier.

EXTRAIT DE LA *REVUE BLEUE*

M. Émile Templier, un des chefs de la librairie Hachette, est mort la semaine dernière. Il laissera, dans le monde des lettres, la réputation d'un éditeur éclairé et d'un homme de goût. Tous ceux qui l'ont vu de près se souviendront de lui comme d'un représentant très distingué de cette vieille bourgeoisie française, respectueuse des traditions et en même temps ouverte aux idées nouvelles, s'intéressant à tout et fuyant en tout les extrêmes, curieuse des choses de l'esprit, instruite, libérale, qui faisait un noble emploi de sa fortune et donnait l'exemple du travail et de la dignité.

M. Templier appartenait à une de ces vraies familles parisiennes qui deviennent de plus en plus rares. Son frère, avocat éminent, avait été bâtonnier de l'Ordre. Lui-même était inscrit au barreau de Paris, quand il épousa une fille de M. Louis Hachette, le fondateur de la librairie connue et estimée dans le monde

entier. Pendant quarante ans, soit avec son
beau-père, soit avec divers membres de sa
famille, M. Templier a été associé à la direction
de ce grand établissement. Il semble qu'il se
soit intéressé surtout aux publications d'un
caractère artistique. Quand on allait le voir,
on le trouvait dans une vaste pièce éclairée
par une large baie, au milieu de belles gravures
et de riches reliures : était-ce le bureau d'un
libraire, ou le cabinet d'un amateur? L'hôte
était accueillant; il aimait les gens de lettres,
les artistes, de qui ses études et ses goûts le
rapprochaient; il jugeait les œuvres nouvelles
en connaisseur, et aussi en moraliste. Sa conversation était aussi instructive qu'aimable,
sans apprêt, sans recherche. Il avait cette simplicité de langage et de manières qui est le
signe d'une distinction naturelle.

Cet homme digne de respect s'est éteint, à
l'âge de soixante-dix ans, dans sa propriété
du Grand-Val, aux portes de Paris : c'est ce
même château du Grand-Val qui, au siècle dernier, appartenait au baron d'Holbach, et dont
le nom revient à chaque instant dans la corres-

pondance de Diderot. M. Templier aimait à s'y retirer : le souvenir nous revient, en écrivant, d'une fête de famille qui y avait attiré, il y a trois ou quatre ans, de nombreux amis. Ils étaient plus nombreux encore ceux qui, l'autre jour, à l'église Saint-Séverin, étaient venus rendre un dernier hommage non pas tant au grand éditeur qu'à l'homme privé. Tous ceux qui ont connu M. Émile Templier porteront le même jugement : on trouvait chez lui, sous une forme réservée, une grande bienveillance, une rare délicatesse, un sentiment très vif de ce qui est juste et droit ; il avait des clartés de tout ; il aimait les bonnes lettres ; enfin, on peut dire, en prenant le mot dans le sens du xviiᵉ siècle, que c'était vraiment « l'honnête homme ».

PAUL LAFFITTE.

(*Revue bleue*, nᵒ du 13 juin 1891.)

EXTRAIT DU *TOUR DU MONDE*

———

La mort vient de prendre M. Émile Templier, à l'âge de soixante-dix ans. Il s'est brusquement éteint dans sa propriété du Grand-Val, le 2 juin, au moment où il venait de quitter Paris pour chercher dans le calme de la campagne le repos et le rétablissement de sa santé, ébranlée depuis quelque temps.

Cette mort inattendue n'est pas seulement une perte pour le monde des lettres, pour les collaborateurs de M. Templier, pour la famille si unie au sein de laquelle toute sa vie s'est écoulée : on peut dire qu'elle atteint le pays tout entier, et que, parmi les Français d'éducation moyenne ou supérieure, il en était bien peu, il n'en était peut-être point, qui ne fussent les débiteurs intellectuels de l'homme supérieur auquel nous sommes appelé à rendre ici un dernier hommage.

M. Émile Templier était né à Paris le 19 avril 1821. Il avait fait de fortes études classiques,

dont l'influence se retrouve dans toute sa carrière, et se destinait au notariat. Les traditions
de sa famille le poussaient dans ce sens. Son
père était avoué; son frère, M. Paul Templier,
se destinait au barreau. En 1849, M. Émile
Templier devenait le gendre de M. Louis
Hachette et bientôt son associé. Dans ces deux
événements était contenue toute sa carrière
future, si simple et si bien remplie. D'une
part, la vie de famille, concentrée au foyer
domestique, auprès d'une femme distinguée et
exquisement bonne, au milieu d'enfants, puis
de petits-enfants qui tous adoraient le pa-
triarche. D'autre part, le monde des affaires,
de la littérature et de l'art, dans lequel M. Templier apportait son expérience consommée des
affaires, un esprit net et de décision rapide,
une vaste culture, une sûreté de relations qui
s'élevait jusqu'à la noblesse, un goût d'une
pureté rare, tout cela dirigé, éclairé, pour
ainsi dire, par une bonté profonde et active,
dont son aménité charmante n'était que la ma-
nifestation extérieure.

Au moment de l'entrée de M. Templier dans

la librairie Hachette, le fondateur de la maison
en avait déjà fait, avec le concours de son autre
gendre, M. Louis Bréton, un établissement
important, particulièrement consacré à l'enseignement classique. Émile Templier entra dans
les vues de ses associés et demeura fidèle à
l'esprit qui, dès la fondation de la maison, en
avait fait une semeuse d'idées.

Mais sa nature plus particulièrement artistique a largement contribué à la transformation qui, d'une librairie d'enseignement
classique, a fait une librairie d'enseignement
universel. *Sic quoque docebo*, avait dit Louis
Hachette en renouant sa carrière brisée de
professeur. *Sic quoque docebo*, se disait Émile
Templier en poursuivant la transformation de
la librairie française et en cherchant à l'élever
au triple point de vue de la littérature, de la
science et de l'art.

Les créations auxquelles a collaboré M. Émile
Templier portent toutes en effet la marque
d'une conception très nette, en même temps
que d'un idéal élevé. Citons un ou deux exemples.
Le développement des voies ferrées suggéra à

la librairie Hachette l'idée d'une Bibliothèque
des chemins de fer, création qui n'alla pas sans
difficultés, et à laquelle M. Émile Templier
prit une part active. C'est à ce moment qu'il
groupa autour de lui une élite d'écrivains, les
uns déjà célèbres, les autres jeunes encore :
Théophile Gautier, Saintine, Erckmann-Chatrian, X. Marmier, Amédée Achard, Edmond
About, qui débutait avec *Tolla* et le *Roi des
montagnes.*

Les littératures étrangères étaient peu con-
nues en France : pour remédier à cette lacune,
la publication d'une collection de romans
étrangers fut entreprise, et nous n'avons pas à
rappeler le succès qui l'accueillit. Des relations
personnelles et cordiales avec Dickens mar-
quèrent le début de cette publication.

Ces premières tentatives devaient être sui-
vies d'initiatives plus hardies. Mentionnons
seulement la part que M. Templier prit à la
création du *Dictionnaire de la langue française*
de Littré, à celle de l'*Histoire universelle* de
M. Duruy, à la collection magistrale des *Grands
Écrivains de la France,* à la publication de

l'*Histoire de France* de Guizot, illustrée par
A. de Neuville.

Au milieu de ces œuvres de longue haleine,
M. Templier pensait aussi aux enfants. Lui qui
aimait tant les siens, comment aurait-il pu
oublier ceux des autres? Il fonda pour eux la
Bibliothèque rose, s'entourant pour cela d'auteurs choisis, apportant à cette œuvre enfan-
tine toutes les qualités de son cœur, inspirant,
dirigeant, collaborant avec sollicitude.

Puis vinrent les grandes publications illus-
trées, honneur de la librairie française au
xixᵉ siècle : *l'Enfer* de Dante, avec les illustrations prodigieuses de Doré; le *Don Qui-
chotte* et le *Roland furieux*, qui firent suite
au Dante; les *Évangiles*, avec les simples et
nobles gravures de Bida et les ornements
de Rossigneux, chef-d'œuvre entrepris sans
autre préoccupation que celle de faire un chef-
d'œuvre; les *Fables* de La Fontaine, que Doré
accompagna de si charmantes fantaisies. Puis
les deux Histoires des Grecs et des Romains,
de V. Duruy, avec leur riche collection de gravures si caractéristiques, serrant le texte de si

près ; les *Récits des Temps mérovingiens*, illustrés par J.-P. Laurens ; l'*Histoire de l'Art dans l'antiquité*, de Perrot et Chipiez ; enfin l'exquise *Mireille* illustrée par Burnand.

Hardiesse bien plus grande, entreprise bien plus hasardeuse : M. Templier se préoccupait de relever la géographie française de son infériorité vis-à-vis de l'étranger. Déjà, de concert avec M. Louis Hachette, il avait confié à M. Vivien de Saint-Martin, l'éminent président honoraire de la Société de Géographie, la préparation d'un grand *Dictionnaire de Géographie universelle* et d'un *Atlas universel*. Ces deux ouvrages avancent vers leur achèvement. En particulier le dictionnaire approche rapidement de son terme, sous la savante direction de M. Louis Rousselet.

Quant à l'*Atlas universel*, nous devons nous interdire de parler de cette œuvre encore inachevée, sauf pour rendre hommage à la grandeur de l'effort initial et à la persévérance avec laquelle cet effort fut poursuivi à travers les difficultés presque insurmontables du début. Mais nous ne pouvons nous empêcher d'acquit-

ter ici une dette de reconnaissance, en songeant
que c'est à la confiance de M. Émile Templier
que nous devons la joie d'avoir remis la char-
rue dans le sillon interrompu. Par sa propre
expérience, celui qui écrit ces lignes peut dire
quelle force persuasive possédait cet homme
de grand cœur, pour inspirer aux débutants la
confiance en eux-mêmes, la foi dans leur vo-
lonté, la conviction qu'ils devaient essayer de
faire ouvrage d'hommes, de créer, de lutter,
de prendre hardiment le fardeau d'une grande
œuvre, et d'y consacrer joyeusement le meilleur de leur force. Ce qu'il ne disait pas, mais
ce qu'on sentait, c'est que dans les moments
difficiles on aurait l'appui de sa main sûre et
loyale, dans les indécisions son conseil, dans le
long effort sa sympathie affectueuse et toujours
active.

C'est à lui et à un autre homme de cœur,
son collaborateur Adolphe Joanne, qu'est due,
si l'on peut ainsi dire, l'éclosion des deux frères
Élisée et Onésime Reclus. Les deux volumes
de la *Terre* et la colossale *Géographie universelle* du premier, les volumes d'une si puis-

sante originalité publiés par le second, sont
nés avec la collaboration de M. Templier, qui
avait deviné le génie de ces deux puissants
travailleurs.

Le succès de la *Géographie universelle* a
prouvé que cette œuvre répondait à un besoin
du public français, et même du public étranger,
puisqu'elle a dépassé nos frontières; mais ne
peut-on pas dire que, durant le cours de sa
publication, elle a développé, transformé et
agrandi le sentiment auquel elle était destinée
à répondre? La notion même de la géographie
s'est modifiée, la Terre a pris un autre aspect
aux yeux de la génération moderne, les mé-
thodes d'enseignement se sont élevées et s'é-
lèvent chaque jour. Peut-on oublier que c'est
dans le cabinet de M. Émile Templier que ce
mouvement a pris naissance? Et, pour être
tout à fait équitable, ne convient-il pas d'attri-
buer une part du succès de ces œuvres maî-
tresses aux illustrations que l'éditeur prodiguait,
toutes rivalisant d'exactitude et de perfection
avec le texte?

À ce titre, et à côté de la *Géographie uni-*

verselle d'Élisée Reclus, il faut mentionner le recueil auquel M. Émile Templier a, pendant de longues années, consacré la plus grande partie de son travail personnel, celui qui porte l'empreinte la plus nette de sa personnalité. Nous voulons parler du *Tour du Monde*. C'était son œuvre de prédilection. Il l'avait fondée avec son ami Édouard Charton pour stimuler en France le goût des études géographiques. On sait si ce but fut atteint, et quelle longue série de succès marque la carrière du *Tour du Monde*. Ce qu'on sait moins, c'est qu'à côté d'Édouard Charton, auquel ses travaux multiples, son *Magasin pittoresque*, sa *Bibliothèque des Merveilles*, ses fonctions politiques et le caractère d'apostolat de toute sa carrière enlevaient une partie des heures nécessaires pour les soins minutieux exigés par le *Tour du Monde*, Émile Templier, à l'insu de son ami, à son propre insu peut-être, s'était constitué le correcteur, le metteur en pages, l'inspirateur artistique du *Tour du Monde*. Pas une semaine de sa vie, depuis la fondation de ce beau recueil, ne s'est écoulée sans qu'il en ait lu les

épreuves, de la première à la dernière ligne,
et sans que les gravures aient été revues par
lui. La semaine de sa mort n'a pas fait excep-
tion. Il était de ceux qui meurent sur leur
champ de travail.

Cette belle vie, si unie et si simple, deman-
dant ses joies au travail et à la famille bien
plus qu'à la prospérité et à la fortune, qui lui
étaient données par surcroît, s'écoulait féconde
et silencieuse, lorsqu'en 1883 une des filles de
M. Templier lui fut prématurément enlevée.
La blessure faite au cœur du père ne se re-
ferma plus. On n'entendit sortir aucune plainte
de sa bouche, mais ses cheveux blanchirent,
et sa taille, jusque-là si droite, commença à
se courber. D'autres déchirements suivirent. Il
perdit deux petits-enfants, son beau-frère, ami
et associé, M. Louis Bréton ; puis son frère,
M. Paul Templier, fut frappé à son tour. La
joie de se voir revivre dans les enfants des trois
filles qui lui restaient, de rencontrer un autre
lui-même dans son gendre Armand Templier,
fils de son frère Paul ; un coopérateur aussi actif
que dévoué dans M. Léon Meunier du Houssoy,

le mari de sa deuxième fille; la certitude
d'avoir trouvé dans son dernier gendre, M. Jo-
ret-Desclosières, un aide et au besoin un rem-
plaçant pour ses travaux préférés, tout cela ne
pouvait qu'adoucir son chagrin sans le guérir.
A chaque coup nouveau, on eût dit un arbre
qui venait une fois de plus d'être frappé de la
foudre. Il résistait, s'attachait au travail, même
quand la force lui faisait défaut ; mais il se
savait mortellement atteint, et parfois, dans un
moment d'épanchement, laissait entendre que
le terme approchait.

Le 2 juin au matin, l'huile a doucement
manqué, la lumière s'est éteinte.

Au physique, Émile Templier était d'une
taille un peu au-dessus de la moyenne ; son
premier aspect était presque militaire, tellement
l'allure était ferme, les traits énergiques, le
regard direct et perspicace. Sa parole était
extrêmement sobre et réservée. En affaires, il
allait droit au but, réfléchissait un moment,
décidait avec une singulière netteté, toujours
appuyant sa décision, favorable ou défavorable,

de quelques mots d'explication qui laissaient
deviner à l'interlocuteur attentif la préoccupation à laquelle il avait obéi. Cette préoccupation était toujours élevée, sincère, sympathique.
S'était-il trompé, ou un nouvel élément d'in-
formation venait-il modifier son jugement, il
revenait le premier sur son opinion précédente,
avec une droiture absolue. Quand sa raison et
son expérience avaient pesé le pour et le contre,
un dernier élément intervenait toujours dans
sa décision : la bonté. Bonté non point banale,
mais fondée sur un sentiment très élevé de la
dignité humaine.

Il se livrait peu et rarement. Le monde exté-
rieur l'a peu connu; il serait même plus exact
de dire : ne l'a *point* connu. Les dignités qu'on
lui a offertes, il les a toutes refusées. Nulle
fonction publique ne l'a tenté. N'en remplis-
sait-il pas une qui pouvait suffire à l'ambition
la plus large? S'il fut fait chevalier de la Légion d'honneur en 1867 et officier en 1889, ce
fut sans y avoir songé, et pendant qu'il se ré-
jouissait de voir décerner le même honneur
à d'autres. Quelques amis de choix entraient

seuls dans le cercle de son intimité; mais si
peu qu'on l'eût approché, il forçait le respect
et la sympathie. Ses collaborateurs anciens,
MM. Duruy, Marmier, Charton, étaient de-
meurés ses amis fidèles, estimant haut l'entre-
tien de cet homme si véritablement modeste.

Quand, au cours d'une conversation d'affaires, il se laissait entraîner par le côté litté-
raire, artistique ou moral du sujet, on décou-
vrait, derrière l'homme d'action et de création,
un autre homme ou plutôt un autre côté du
même homme : un esprit méditatif, infiniment
délicat, profondément cultivé, d'une sensibilité
morale exquise, d'un sentiment religieux pur
et élevé, avec lequel il semblait qu'on se re-
trouvât dans la sereine et pacifiante atmosphère
de Port-Royal.

Dans sa propriété du Grand-Val, derrière les
allées aplanies et les massifs de grands arbres,
on trouvait — avec son aide au besoin — quelque recoin de campagne bien isolé, sans grands
chemins, sans allées, sans massifs de fleurs.
Là, dans ce lieu de prédilection, point aban-
donné, mais respecté, au milieu de l'herbe que

la faux ne touchait pas, coulait une petite
source qui scintillait entre les feuilles de cres-
son et sous des pierres couvertes de mousse.
De même, dans sa vie, à côté de la part active
et publique, il avait gardé un recoin sacré, ce
lieu de retraite que la vie actuelle tend à dé-
truire chez chacun de nous, au grand dommage
de l'avenir ; le coin où l'on se réfugie pour se
sentir homme, pour écouter le murmure des
sources de la vie, le coin où éclosent les pen-
sées hautes et les inspirations généreuses.

Il y a deux mois à peine, il parlait à celui
qui écrit ces lignes de l'immense effort fait par
sa maison pour la diffusion de la géographie :
quarante millions dépensés en une trentaine
d'années, tant d'œuvres magistrales lancées
dans le monde ; et il exprimait la pensée que
nul ne pouvait deviner l'importance de cet
effort.

« Pourquoi ne le dites-vous pas ? » lui de-
manda son interlocuteur. Il réfléchit deux se-
condes et répondit : « Pourquoi le dire ? L'important, c'est que cela soit. Mieux vaut être
que paraître. » Puis, après un court silence, il

reprit avec la nuance de mélancolie qui se trahissait de plus en plus chez lui : « Et si même je vous disais tout le fond de ma pensée, j'ajouterais : Mieux vaut être et ne pas paraître. »

Émile Templier croyait fermement à l'immortalité. Il est une autre immortalité à laquelle il ne songeait pas et qui lui est sûrement acquise : il aura communiqué une part de son âme à tous ceux qui l'auront approché, et parmi la génération actuelle, beaucoup, qui avaient à peine entendu son nom, lui doivent une partie d'eux-mêmes.

FR. SCHRADER.

PARIS

IMPRIMERIE D. DUMOULIN ET Cie

5, RUE DES GRANDS-AUGUSTINS, 5

www.ingramcontent.com/pod-product-compliance
Lightning Source LLC
LaVergne TN
LVHW020056090426
835510LV00040B/1702